BEI GRIN MACHT SICH IHR WISSEN BEZAHLT

- Wir veröffentlichen Ihre Hausarbeit,
  Bachelor- und Masterarbeit

- Ihr eigenes eBook und Buch -
  weltweit in allen wichtigen Shops

- Verdienen Sie an jedem Verkauf

Jetzt bei www.GRIN.com hochladen und kostenlos publizieren

Einführung in die Psychologie

Geschichte der Psychologie seit 1879, Forschungsmethoden und die Einflussmöglichkeiten einer psychologischen Fachexpertise zum Mobilitätsverhalten von Menschen in Ballungsgebieten

Andrea Schmid

Bibliografische Information der Deutschen Nationalbibliothek:

Die Deutsche Nationalbibliothek verzeichnet diese Publikation in der Deutschen Nationalbibliografie; detaillierte bibliografische Daten sind im Internet über http://dnb.d-nb.de abrufbar.

ISBN: 9783346890481
Dieses Buch ist auch als E-Book erhältlich.

Druck und Bindung: Books on Demand GmbH, Norderstedt Germany
Gedruckt auf säurefreiem Papier aus verantwortungsvollen Quellen

Das vorliegende Werk wurde sorgfältig erarbeitet. Dennoch übernehmen Autoren und Verlag für die Richtigkeit von Angaben, Hinweisen, Links und Ratschlägen sowie eventuelle Druckfehler keine Haftung.

Das Buch bei GRIN: https://www.grin.com/document/1364006

Einsendeaufgabe

Geschichte der Psychologie seit 1879 und die prägenden Paradigmen des 20. Jahrhunderts.

Forschungsmethoden der Psychologie und ihre Vor- und Nachteile.

Einflussmöglichkeiten einer psychologischen Fachexpertise zum Mobilitätsverhalten von Menschen in Ballungsgebieten.

SRH Fernhochschule

Modul: Einführung in die Psychologie, Alternative A

Studiengang: B. Sc. Psychologie

Verfasserin: Andrea Schmid

Inhaltsverzeichnis

Abbildungsverzeichnis

1 Geschichte der Psychologie

1.1 Psychologie des 19. Jahrhunderts

Wilhelm Wundt (1832-1920) gründete 1879 in Leipzig das erste experimentalpsychologische Labor und gilt als Gründervater der modernen und wissenschaftlichen Psychologie. Wundt definierte seine experimentelle Psychologie als Physiologische Psychologie, die in immer mehr Gebieten (z.B. Gefühle, Gedächtnis) Anwendung fand. Dabei orientierte er sich an den damals aufstrebenden Naturwissenschaften. (Schmithüsen & Krampen, 2015a, S. 8-9; Schönpflug, 2016, S. 3). Nach Wundt hat der Mensch Erinnerungen, Gefühle und Stimmungen, welche dem Menschen durch Selbstbeobachtung (Introspektion) zugänglich sind. Wundt lehnte die „kontemplative Introspektion" (Lück & Guski-Leinwand, 2014, S. 65) ab, befürwortete aber die instruierte und kontrollierte Selbstbeobachtung. Er forderte das Experiment als methodischen Königsweg zu neuen Erkenntnissen: genaue Beobachtung und Protokollierung der experimentellen Vorgehensweise; Wiederholbarkeit bzw. Reproduzierbarkeit eines Experimentes; Nachvollziehbarkeit; Eliminierung möglicher Störvariablen und möglichst genaue und exakte Aussagen über die Ursache und Wirkung psychologischen Geschehens. (Solokowski, 2013, S. 15-21; Mühlfelder, 2017, S. 15-16, Lück & Guski-Leinwand, 2014, S. 65). Die wissenschaftliche Herangehensweise prägt nach Mühlfelder (2017) bis heute das Verständnis einer modernen und wissenschaftlichen Psychologie. (S. 19).

Wundt räumte später ein, dass Experimente vorwiegend für das Erforschen „niedriger" geistiger Funktionen, wie z.B. Empfinden und Gedächtnis geeignet seien, doch „höhere" Funktionen wie z.B. Denken oder Religion nicht erfasst werden können. Auch ließen sich durch das Experiment keine allgemeingültigen Kriterien postulieren. (Schönpflug, W., 2016, S. 3). Die Würzburger Schule um Oswald Külpe weitete das Experiment mit systematischer und experimenteller Selbstbeobachtung bei Denkprozessen auf höhere psychische Prozesse aus. (Lück & Guski-Leinwand, 2014, S. 79).

1.2 Psychologie des 20. Jahrhunderts

Während sich zu Beginn des 20. Jahrhunderts unterschiedliche Spezialdisziplinen (z.B. Sozial- und Persönlichkeitspsychologie) und Anwendungsdisziplinen (z.B. Psychotherapie und Wirtschaftspsychologie) etablierten, entwickelten sich auf Wunsch der Industrie und des Militärs psychologische Testmethoden (Eignung, Intelligenz, Assessment-Center), um passende Mitarbeiter zu finden oder auszuschließen. (Mühlfelder, 2017, S. 17-18).

In diesem Kapitel wird zur Geschichte der Psychologie noch auf die Feldtheorie, die Individualpsychologie und die Humanistische Psychologie eingegangen. Der Behaviorismus, die Psychoanalyse und die Kognitive Psychologie („Kognitive Wende") werden im Kapitel 2.5. „Prägende Paradigmen" ausführlich dargestellt.

1.2.1 Berliner Schule und die Gestalttherapie

Die Berliner Gestaltpsychologie wandte sich ab Ende der 1920er Jahre vom elementarischen Denken Wundts ab und prägte das ganze 20. Jahrhundert mit ihrem ganzheitlichen Ansatz. Die Gestalttherapie ist vor allem mit den deutschen Psychologen Max Wertheimer, Wolfgang Köhler und Kurt Koffka verbunden. Sie formulierten die Gestaltgesetze menschlicher Wahrnehmung: Die Wahrnehmung suche nach Gesetzmäßigkeiten und „Gestalten" in der Umgebung. Damit sei der Wahrnehmungsprozess aktiv und konstruktiv. Ihre Hauptthese: das Ganze ist mehr als die Summe seine Einzelteile. (Lück & Guski-Leinwand, 2014, S. 79-80; Mühlfelder, 2017, S. 16).

1.2.2 Feldtheorie

Die Feldtheorie hat ganzheitlichen Charakter und wurde von Kurt Lewin aus der Gestalttherapie heraus entwickelt. (Lück-Guski-Leinwand, 2014, S. 94): Nach Bak, (2019) wird menschliches Verhalten „nicht mehr durch biologisch bedingte Triebe erklärt, sondern im jeweiligen Kontext betrachtet und analysiert." (S. 86). Die Feldtheorie bildet nach Lück & Guski-Leinwand (2014) die Klammer um „so verschiedenartige Gebiete wie die Verarbeitung von Konflikten, Gruppenprozesse oder psychische Regression." (S. 94-95).

1.2.3 Individualpsychologie

Die Individualpsychologie Alfred Adlers ist neben der Analytischen Psychologie C. G. Jungs und der Psychoanalyse Sigmund Freuds eine der drei Hauptströmungen der Tiefenpsychologie. (Lück & Guski-Leinwand, 2014, S. 114).

Adler war ein Schüler Freuds, wandte sich jedoch mit seiner Individualpsychologie von Freuds analytischer Psychologie ab. Er betonte „die Unteilbarkeit des einzelnen Individuums" (Lück & Guski-Gewand, 2014, S. 116) und sah den Menschen dynamisch-zielorientiert und nicht von außen getrieben an. (Lück & Guski-Leinwand, 2014, S. 119).

Die Eckpfeiler der Individualpsychologie waren das Minderwertigkeitsgefühl, resultierend aus der Erziehung und die folgende Kompensation. (Lück & Guski-Leinwand, 2014, S. 120; Lück & Miller, 2005, S. 158) Für Adler waren Krankheit und Neurosen missglückte Kompensationsversuche. (Lück & Miller, 2005, S. 158).

Die Individualtherapie erlebte während des Dritten Reiches in den USA einen großen Aufschwung, da viele Individualtherapeuten nach Amerika immigrierten. In Deutschland verbreitete sich die Individualpsychologie wieder in den 1960er Jahren. (Lück & Guski-Leinwand, 2014, 120-121).

1.2.4 Analytische Psychologie

Carl Gustav Jung wandte sich mit der Ausweitung des Libido-Begriffs von Freuds Sexualtherapie ab. Für ihn war die Libido sowohl sexuelle Energie als auch Lebensenergie, „die durch Mechanismen der Triebverschiebung in akzeptable Bahnen gelenkt wird." (Lück & Guski-Leinwand, 2014, 123-124). Weitere zentrale Themen C.G. Jungs waren das kollektive Unterbewusste, Übertragung im therapeutischen Prozess und archetypische Figuren, wie z.B. der Schatten. (Lück & Guski-Leinwand, 2014, 124).

Zum endgültigen Bruch mit Freud kam es, als Jung in seinem Buch „Wandlung und Symbole der Libido" die Sexualität als Symbol beschrieb. (Lück & Miller, 2005, S. 154).

1.2.5 Humanistische Psychologie

Die Humanistische Psychologie verstand sich als dritten Strom der Psychologie und wandte sich vom Behaviorismus und der Psychoanalyse ab. Für sie stand der Mensch mit seinem Streben „nach einem erfüllten Leben, nach Anerkennung und Selbstverwirklichung" (Lück & Guski-Leinwand, 2014, S. 151) im Mittelpunkt. Carl Rogers war neben Maslow, Bühler und Pearls von der Humanistischen Psychologie geprägt und entwickelte daraus die klientenzentrierte Gesprächspsychotherapie. (Lück & Guski-Leinwand, 2014, S. 151; Mühlfelder, 2017, S. 18).

1.3   Teildisziplinen der Psychologie im 20. Jahrhundert

Die Psychologie machte sich ab Beginn des 20. Jahrhunderts zahlreiche Forschungs- und Anwendungsgebiete zu eigen. Grundlage war ein umfangreicher Methoden- und Theorienkatalog. Es entstanden verschiedene Spezialdisziplinen, interdisziplinäre Ansätze und Anwendungsdisziplinen wie z.B.: psychologische Tests, Eignungsverfahren, Krisenintervention, Organisationsberatung und Therapie. (Mühlfelder, 2017, S. 17-18). Teildisziplinen des 20. Jahrhunderts sind nach Lück & Guski-Leinwand (2014) unter vielen anderen die Persönlichkeitspsychologie, die Entwicklungspsychologie, die Sozialpsychologie (S. 8). Für Mühlfelder (2017) wird es zu weiteren Ausdifferenzierungen kommen. Er nennt Beispiele wie Markt-, Konsum-, Rehabilitations-, Umwelt- und Verkehrspsychologie. (S. 19).

Durch die internationale Vernetzung arbeiten Psychologinnen und Psychologen über die Landesgrenzen hinweg zusammen: „Die Psychologie *wächst* und zwar in *globalem* Maßstab. Die Psychologie entwickelt sich ständig weiter, an vielen Orten, auf vielen Ebenen und mit unterschiedlichen Schwerpunkten, die von der Untersuchung der Aktivität von Nervenzellen bis hin zu Studie internationaler Konflikte reicht." (Myers, 2014a, S. 7).

1.4   Prägende Paradigmen

Um den Menschen zu verstehen, lassen sich psychologische Themen aus verschiedenen Perspektiven betrachten. (Becker-Carus & Wendt, 2017, S. 5). Nach Becker-Carus & Wendt (2017) sind fünf Paradigmen (Denkweisen) der Psychologie entstanden: der neurobiologische, der behavioristische, der psychoanalytische, der kognitive und der humanistische Ansatz. Die Paradigmen schließen sich gegenseitig nicht aus, sondern können sich ergänzen (S. 5) Gerrig, Dörfler & Roos (2018) geben zwei weitere Paradigmen an: das evolutionäre und das kulturvergleichende Paradigma (S. 16-17).

Exemplarisch wird hier auf drei Paradigmen und ihre Bedeutung auf die Weiterentwicklung der Psychologie eingegangen.

1.4.1 Behaviorismus

Auf der Grundlage von Pawlows („Russische Schule") und Thorndikes Erkenntnissen begründete John B. Watson (1878–1958) zeitgleich zur Tiefenpsychologie den Behaviorismus, der die Psychologie über Dekaden vor allem in den USA dominieren sollte. (Rauthmann, 2017, S. 119; Gluck, 2010, S. 25; Lück & Guski-Leinwand, 2014, S. 125).

Watson forderte von der wissenschaftlichen Psychologie, sich von der, für ihn, unwissenschaftlichen Introspektive (z.B. Kognition, Emotion, Motivation) ab- und sich ausschließlich der experimentellen Methodik und dem beobachtbaren und messbaren Verhalten zuzuwenden. (Rauthmann, 2017, S. 120).

Watson ging davon aus, dass der Mensch mit nur wenigen angeborenen Verhaltensweisen als „black box" auf die Welt kommt. (Rauthmann, 2017, S. 121; Mühlfelder, 2017, S. 18).

Wichtige Lernprinzipien des Behaviorismus sind die Klassische und die Operante Konditionierung. (Rauthmann, 2017, S. 121). Durch die Verstärkungstheorie des Operanten Konditionierens zeigt der Mensch motiviertes Verhalten oder nicht. Durch Lernprozesse und die Auseinandersetzung mit der Umwelt bilden sich immer komplexere Gewohnheiten aus. Diese bestimmen die Persönlichkeit eines Menschen. Selbst ursprünglich psychoanalytische Konzepte (z.B. Angst) sollten allein durch Konditionierung erklärt werden. (Kauffeld, 2016, S. 40; Rauthmann, 2017, S. 120-121). Neobehavioristen wie Albert Bandura bezogen Persönlichkeitsmerkmale, Erfahrungen und Emotionen mit ein. (Lück & Guski-Leinwand, 2014, S. 137).

10

Der Behaviorismus wurde vor allem in den 1920er Jahren in den USA zum dominierenden Denkansatz in der Psychologie des Lernens. (Gluck, 2010, S. 26). Da der Behaviorismus einen Großteil seiner Erkenntnisse durch Experimente mit Tieren gewonnen hat, dient dieses Vorgehen für Rauthmann (2017) allenfalls als Basis für weitere sozial-lerntheoretische Ansätze. (S. 121). und ist die „Antithese zu psychodynamischen Ansätzen wie Freuds Psychoanalyse." (S. 120). Doch hinterließ der Behaviorismus ein bedeutendes Erbe in der Entwicklung der Psychologie: die Notwendigkeit genauen Experimentierens und exakt definierte Standards. (Gerrig et al., 2018, S. 14).

1.4.2 Kognitiver Ansatz

Immer mehr Psychologen wandten sich im letzten Drittel des 20. Jahrhunderts von der Idee „eines passiv reagierenden Menschen" ab und der Vorstellung eines „planenden, selbständig handelnden und wahrnehmenden Individuum" zu. (Lück & Guski-Leinwand, 2014, S. 146). Der kognitionspsychologische Ansatz ist als Gegenbewegung zum Behaviorismus und dessen Beschränkungen zu verstehen. (Becker-Carus & Wendt, 2017, S. 8; Gerrig et al., 2018, S. 15). Er leitete die „Kognitive Wende" ein, die ab den 1970er Jahre vorwiegend die Psychologie bestimmte. (Lück & Guski-Leinwand, 2014, S. 146).

Für Lück & Guski-Leinwand (2014) war durch den revolutionären Charakter der kognitiven Wende eine neue Qualität in der Psychologie möglich (S. 147): untersucht wurden vor allem die geistige Leistung des Menschen. Zudem wandte sich die Psychologie mehr und mehr der neurophysiologischen Forschung zu, die es ermöglicht, psychische Prozesse im Gehirn sichtbar zu machen. (Mühlfelder, 2017, S. 18; Schönpflug, 2016, S. 29).

Aus kognitiver Sicht besitzt der Mensch die Fähigkeit des Denkens. Im Denken geht der Mensch völlig neue Wege und beschränkt sich nicht mehr nur das, was er in der Vergangenheit gelernt hat. Der Fokus des kognitiven Ansatzes liegt auf Wahrnehmung, Denken, Gedächtnis, Sprache, Erinnern, Verstehen und Problemlösen. (Gerrig et al., 2018, S. 15).

Nach Becker-Carus & Wendt (2017) kehrte die Psychologie mit dem kognitiven Ansatz wieder zu ihren Anfängen zurück, ohne sich dabei von den empirischen Methoden abzuwenden. (S. 8). Der kognitionspsychologische Ansatz möchte durch das

Experiment verstehen, „wie diese mentalen Prozesse der Informationsverarbeitung funktionieren und welche Organisationsstrukturen ihnen zugrunde liegen." (Becker-Carus & Wendt, 2017, S. 8).

Somit ist menschliches Verhalten im Gegensatz zum Behaviorismus nicht nur eine alleinige Reaktion auf einen Umweltreiz, sondern das Ergebnis, ob und wie der Mensch mit Außenreizen umgeht. (Becker-Carus & Wendt, 2017, S. 8). Über das Modelllernen hat der Mensch zudem die Möglichkeit, durch Imitation von anderen zu lernen. Der Mensch verarbeitet das Beobachtete in kognitiven Prozessen. (Kauffeld, 2016, S. 43).

Für Becker-Carus & Wendt (2017) geht der kognitive Ansatz weit über den behavioristischen hinaus, doch bleiben Fragen nach der Motivation, des Willens und der Emotion offen. (Becker-Carus & Wendt, 2017, S. 8).

1.4.3 Psychoanalyse

Zeitgleich zum Behaviorismus wurde der psychoanalytische Ansatz von Sigmund Freud (1856-1939) Anfang des 20. Jahrhunderts in Wien entwickelt. Während der Behaviorismus gezielt auf experimentelle Analysen und Untersuchungen setzte, bezog sich Freuds psychoanalytischer Ansatz auf die persönlichen Fallstudien seiner psychisch erkrankten Patientinnen und Patienten. (Becker-Carus & Wendt, S. 2017, S. 13).

Freuds postulierte mit seinem psychoanalytischen Ansatz, „dass ein Großteil unseres menschlichen Verhaltens bestimmt und getrieben wird von unbewussten Prozessen, die als innerpsychische Kraft verstanden werden." (Becker-Carus & Wendt, 2017, S. 9). Dies können Triebe Wünsche, Gedanken, Gefühle und Erinnerungen sein. Dazu zählen auch Konflikte zwischen Forderungen, die an den Menschen herangetragen werden und den persönlichen Bedürfnissen. (Becker-Carus & Wendt, 2017, S. 9).

Für Freud steht das Über-Ich als moralische Instanz und gesellschaftlicher Normen unvereinbar dem unbewussten Es der Triebe gegenüber. Das bewusste Ich vermittelt zwischen Über-Ich und Es. Gelingt dies nicht, empfindet der Mensch Angst, die er durch Verdrängung, Umkehr von Affekten oder Sublimation abzuwehren versucht. (Schönpflug, 2016, S. 19). Nach Schönpflug (2016) „lassen sich Triebansprüche nicht ins Unbewusste verbannen. Sie drängen zurück ins Bewusstsein; sie verändern ihre Form und treten dann als Fehlwahrnehmungen und Fehlhandlungen in Erscheinung." (S. 19). Nach dem psychoanalytischen Ansatz „enden die Reaktionen des Organismus vorerst, wenn seine Bedürfnisse befriedigt und seine Triebe zurückgegangen sind. Der Hauptzweck von Handlungen besteht in der Reduktion von Spannung." (Gerrig et al., S. 13).

Bei seiner Triebtherapie ging Freud davon aus, dass psychische Prozesse Energie brauchen, die aus den biologisch verankerten Trieben (z.B. dem Sexualtrieb) gespeist werden. Die Triebtheorie ist nach Freud für alle Menschen gültig. Allein die Triebstärke unterscheide sich. (Rauthmann, 2017, S. 85).

Freud nutzte die Methode des „freien Assoziierens" und die Deutung der Träume. Dadurch sollen unbewusste und verdrängte Inhalte in das Bewusstsein gelangen. (Sokolowski, 2013, S. 27). Die Bewusstwerdung führte zur „Freisetzung der dazugehörigen Emotionen" und „zur Katharsis und Heilung, die auch dauerhaft anhielt." (Sokolowski, 2013, S. 27).

Nach Sokolowski (2013) liegt „mit dem Freudschen Werk ein tiefsichtiger Gedankenfundus vor, der viele der nachfolgenden Generationen von Psychologen bis in die Gegenwart beeinflusst und inspiriert hat." (S. 27). Doch waren Freuds Theorien in der akademischen Psychologie umstritten und wurden abgelehnt. (Schönpflug, 2016, S. 19-20). Für Neyer & Asendorpf (2018) gehen wichtige Konzepte der heutigen Psychologie auf Freuds psychoanalytische Konzepte zurück, doch müsse Freuds Ansatz klar von der empirischen Psychologie abgegrenzt werden. (S. 8).

2 Forschungsmethoden der Psychologie

Die Erfassung von psychischen Merkmalen spielt in der Psychologie eine zentrale Rolle. Diese sind häufig nicht direkt beobachtbar bzw. können im Gegensatz zu physikalischen Werten nicht direkt gemessen werden. (Engelschalk, Daumiller, Reindl & Dresel, 2019, S. 537).

Forschungsmethoden der Psychologie sind Beobachtung, Befragung, Experiment und Dokumentenanalyse bzw. Inhaltsanalyse. (Reinhardt & Ornau, 2021, S. 75) Die Forschungsmethoden unterscheiden sich bezüglich der drei Gütekriterien Objektivität, Reliabilität (Zuverlässigkeit) und Validität (Gültigkeit). (Becker-Carus & Wendt, 2017, S. 21).

Exemplarisch wird hier auf die Forschungsmethoden Beobachtung, Befragung und Experiment mit deren Vor- und Nachteilen eingegangen.

2.1 Beobachtung

„Unter Beobachtung verstehen wir das systematische Erfassen, Festhalten und Deuten sinnlich wahrnehmbaren Verhaltens zum Zeitpunkt seines Geschehens." (Atteslander, 2010, S. S. 73).

Es werden verschiedene Möglichkeiten der Beobachtung unterschieden. (Kirchmair, 2022, S. 17-20, Becker-Carus & Wendt, 2017, S. 25-26): Bei der Selbstbeobachtung bzw. Introspektion beobachtet der Beobachter seine eigenen Gefühle, Gedanken und Verhalten. Dies versucht er zu beschreiben und zu analysieren. Da die Beobachtungsergebnisse vorwiegend subjektiver Art sind, halten sie dem wissenschaftlichen Arbeiten nicht Stand. Bei der Fremdbeobachtung beobachtet eine Person eine andere Person oder Situation. Fremdbeobachtungen können im Labor unter künstlichen aber kontrollierbaren Rahmenbedingungen als auch unbeeinflusst in natürlichen Feldbeobachtungen stattfinden. Bei der offenen Beobachtung weiß die beobachtete Person, dass sie beobachtet wird. Das Beobachten von natürlichem Verhalten ist deshalb eingeschränkt. Eine verdeckte Beobachtung liefert das Beobachten von natürlichen Verhaltensweisen, ist aber datenschutztechnisch nur mit dem nachträglichen Einverständnis des Beobachteten verwendbar. Bei der teilnehmenden Beobachtung ist der Beobachter mit im Feld, d.h. er ist Teil des

Beobachtungsfeldes. Dies kann zur Beeinflussung des Beobachteten führen. (Kirchmair, 2022, S. 17-20).

Für Strobach (2019) wird die Beobachtung eingesetzt, wenn „man das psychologische Geschehen in seiner Komplexität und seiner naturwüchsigen Dynamik untersuchen möchte." (S. 4). Doch bietet die Beobachtung keinen Einblick in Kausalzusammenhänge. (Prinz et al., 2017, S. 6).

Nach Gerrig et al. (2018) liegt die Schwachstelle der Befragung in der „beobachterabhängigen Urteilsverzerrung". (S. 32). Der objektive Blick des Beobachters kann durch persönliche Motive und Voreingenommenheit getrübt werden und seine Schlussfolgerungen beeinflussen. Dies lässt sich durch die Standardisierung der Datengewinnung, Schulungen zu Beobachtungs- und Protokollierungstechniken und dem Einsatz von mehreren Beobachtenden minimieren. (Becker-Carus & Wendt, 2017, S. 25-26; Engelschalk et al., 2019, S. 539; Gerrig et al., 2018, S. 32).

Vor experimentellen Untersuchungen stehen oft Beobachtungen. Nach Becker-Carus & Wendt (2017) sind manche Bereiche des menschlichen Verhaltens ausschließlich durch Beobachtungen zugänglich. Beobachtungen werden auch immer dann zur Datengewinnung eingesetzt, wenn ein Experiment ethisch nicht vertretbar wäre bzw. die Probanden einen Schaden davontragen könnten. (S. 25).

2.2 Befragung

„Befragung bedeutet Kommunikation zwischen zwei oder mehreren Personen." (Atteslander, 2010, S. 109).

Rund 90% aller Daten in der Psychologie werden durch die Befragung erhoben. Bei der Befragung werden meist repräsentative Stichproben von Menschen aus der Gesamtheit befragt, wobei Regeln für die Datenauswertung im Vorfeld festgelegt werden. (Becker-Carus & Wendt, 2017, S. 26).

Unterschieden wird die schriftliche Befragung (Fragebogen) von der mündlichen (Interview). Befragungen können persönlich, telefonisch, schriftlich, postalisch, vor Ort oder online durchgeführt werden. (Kirchmair, 2022, S. 15).

Schriftliche Befragungen in Form von Fragebögen sind in der Regel einfach durchzuführen. Der Befragte antwortet schriftlich auf dem Fragebogen. Doch ergeben sich auch Nachteile. Durch die freiwillige und unverbindliche Teilnahme an der Befragung kann es zu einer niedrigen Rücklaufquote kommen, wodurch die Stichproben nicht mehr repräsentativ sind. Fragebögen müssen eindeutig, verständlich, nachvollziehbar, benutzerfreundlich und inhaltlich und formal gut durchdacht sein, um Ergebnisse nicht zu beeinflussen bzw. zu verfälschen. Standardisierte Fragebögen sind eher kurzgehalten und geben geschlossene Fragestellungen mit einer begrenzten Anzahl von Antwortmöglichkeiten vor. Offene Fragen setzen eine hohe Bereitschaft des Befragten voraus, Antworten mit eigenen Worten zu formulieren. Fragebögen werden vor ihrem Einsatz getestet und geprüft. (Becker-Carus & Wendt, 2017, S. 26; Kirchmair, 2022, S. 16-17).

Auch mündliche Befragungen (Interviews) können unterschiedlich hohe Strukturierungs- bzw. Standardisierungsgrade aufweisen. Weniger strukturierte und standardisierte Interviews sind zur Erforschung neuer Forschungsfragen sinnvoll, da sie sehr flexibel und für neue Themen offen sind. Zu nennen ist hier die Exploration (freies Interview): Durch ein zwangloses Gespräch leitet der Interviewer den Befragten auf das Thema hin. Durch das entstehende Vertrauensverhältnis kann es zu Einsichten in Denk- und Handlungsweisen des Befragten kommen. Stärker strukturierte Befragungen erhöhen die Objektivität und lassen sich beim Testen von Hypothesen einsetzen. (Berekoven, Eckert & Ellenrieder, 2009, S. 89; Engelschalk, et al., 2019, S. 540).

Im Vergleich zum Fragebogen sind Interviews sehr zeitintensiv, haben aber auch viele Vorteile: Die Kommunikation zwischen Interviewer und Befragtem bzw. mehreren Befragten (z.B. in der Gruppendiskussion) ist direkt in Sprache, Mimik und Gestik. Priorität hat bei jeder Interviewform die Neutralität des Interviewers: er darf die Antworten nicht lenken bzw. beeinflussen. Bei (Tabu)-Themen darf keine Erwartungshaltung gezeigt werden; der Befragte könnte seine Antworten der Situation angleichen. (Berekoven, Eckert & Ellenrieder, 2009, S. 8; Engelschalk et al., 2019, S. 540; Kirchmair, 2022, S. 15-16).

Nach Kirchmaier (2022) steht die Befragung in der empirischen Sozialforschung im Vordergrund. (S. 15). Diekmann (2021) bezeichnet das Interview sogar „als „Königsweg" der Sozialforschung". (S. 434).

2.3 Experiment

„Es ist sinnvoll, nur jene Untersuchung als Experiment zu bezeichnen, bei welchen ein Höchstmaß an Kontrolle der sozialen Situation vorliegt." (Atteslander, 2010, S. 177).

Unterschieden wird das Feldexperiment vom Laborexperiment. Das Feldexperiment, bei dem die Teilnehmenden nicht wissen, dass sie Teil eines Experiments sind, findet im natürlichen Raum ohne experimentelle Manipulation und ohne künstliche Bedingungen, die das Ergebnis manipulieren könnten. Beim Laborexperiment ist den Teilnehmenden bekannt, dass sie an einem Experiment beteiligt sind, was ihr Verhalten beeinflussen könnte. (Kirchmair, 2022, S. 21-22).

Die Einteilung der Teilnehmenden erfolgt willkürlich in eine Experimentalgruppe und in eine Kontrollgruppe (Randomisierung), um die interne Validität zu wahren. Ergebnisunterschiede der beiden Gruppen werden dann ausgewertet. (Döring, 2022b, S. 195; Kessler & Fritsche, 2018, S. 24; Kirchmair, 2022, S. 21).

Bei einem Quasi-Experiment gelingt die Randomisierung nicht, so dass die Untersuchungsgruppe und die Kontrollgruppe bezüglich des zu untersuchenden Faktors unterschiedlich behandelt werden. Bei nicht experimentellen Studien werden nur vorgefundene Gruppen miteinander verglichen. Sie sind kaum für das Prüfen von Kausalzusammenhängen geeignet. (Döring, 2022b, S. 195).

Die Voraussetzungen, um die Daten zu beschaffen werden systematisch variiert, d.h. der Forscher legt die Untersuchung methodisch an, kontrolliert, verändert oder entfernt gezielt Einflussgrößen (Variable). Eine Variable ist im Gegensatz zu einer Konstanten ein Merkmal, das in zwei oder mehr Ausprägungen vorkommen kann. Unterschieden wird die abhängige Variable (AV) von der unabhängigen Variablen (UV). Der Einfluss, den die unabhängige Variable auf die abhängige Variable hat, wird im Experiment überprüft. Neben der abhängigen und unabhängigen Variablen müssen noch die Kontrollvariablen Beachtung finden. Diese sind all die Variablen, die einen Einfluss auf die Ergebnisse haben können, z.B. Alter und Geschlecht. (Bak, 2016, S. 33-34; Becker-Carus & Wendt, 2017, S. 21; Kirchmair, 2022, S. 20-21).

Im Experiment können Bedingungen hergestellt werden, die selektiv erforscht werden können. Dies ist bei der Beobachtung nicht möglich. (Strobach, 2019, S. 4). Da sich mit dem Experiment Sach- und Kausalzusammenhänge ermitteln lassen, gilt es in der empirischen Sozialforschung als „Königsweg der Erkenntnis" (Döring, 2022b, S. 196).

Aus ethischen Gründen wird oft auf ein Experiment verzichtet. (Döring, 2022b, S. 196). Nach Döring (2022b) muss dann auf andere Datenerhebungsverfahren zurückgegriffen werden. Diese haben zwar eine geringere kausale Aussagekraft, bieten aber ein oft eine große Bandbreite an Variablen und Untersuchungseinheiten, gerade weil sie sich nicht auf den Kausalnachweis beschränken. (S. 196).

Während Becker-Carus & Wendt (2017) der Meinung sind, dass kaum eine andere Forschungsmethode als das Experiment eine „so weitreichende und grundlegende Bedeutung" hat (S.21), sieht Kirchmair (2022) im Experiment keine eigenständige Forschungsmethode sondern eine Versuchsanordnung. Daten würden beim Experiment vorwiegend durch Befragung und Beobachtung gewonnen werden. (S. 20).

Für Prinz et al. (2017) hat das Experiment den Vorteil, dass, wenn auch oft nur partiell, Einsichten genommen werden können. (S.6). Nachteilig jedoch sei, dass „diese Einsichten zunächst auf die künstlich vereinfachten Aufgaben, die im Labor untersuchbar sind, beschränkt bleiben und sich nicht auf den vollen Reichtum der psychischen Vorgänge im wirklichen Leben beziehen." (Prinz et al., 2017, S. 6). Es könne zu einer Dekontextualisierung kommen, doch müsse diese in Kauf genommen werden. Wolle doch nicht die „Komplexität des Lebens" (S. 7) erklärt werden, sondern allein die Grundprozesse des Lebens. (S. 7).

3   Psychologische Fachexpertise

Durch eine psychologische Fachexpertise kann Mobilitätsverhalten in Ballungsgebieten beschrieben, erklärt und verändert werden. Dieses Kapitel gibt Einblick in das Marktpsychologische Handeln, Motivation und in die Einstellungsbildung und -änderung.

3.1   Marktpsychologisches Handeln

Die Markt- und Werbepsychologie basiert auf der Erforschung menschlicher Entscheidungen (Mühlfelder, 2017, S. 46) und „beschäftigt sich mit dem Erleben und Verhalten von Verbrauchern." (Brandstätter, 2018, S. 283). Es geht unter anderem darum, festzustellen, wie und aufgrund welcher Basis Verbraucher ein Produkt präferieren, bzw. kaufen. (Brandstätter, 2018, S. 283).

Nach Neumann (2013) beginnt jedes marktpsychologische Handeln mit einem Auftrag. Anschließend durchläuft das Handeln typische Phasen:

Auftrag → 1. Ist-Zustand → 2. Soll-Zustand → 3. Soll-Ist-Vergleich → 4. Planung einer geeigneten Strategie → 4´.-→Pretest → 5. Intervention → 6. Evaluation. (S. 36)

Der Auftrag wird von einer Person/Institution erteilt. Nach der Aufnahme des Ist-Zustands erfolgt die Konzeption des anzustrebenden Soll-Zustandes. Im Soll-Ist-Vergleich wird geklärt, ob der angestrebte Zustand erreicht werden kann. Ist dies nicht der Fall, endet der Auftrag hier. Kann das Soll erreicht werden, werden auf Basis empirischer Daten Interventionsmaßnahmen entwickelt, um das Ist dem Soll anzugleichen. Ist der Pre-Test erfolgreich verlaufen, wird die Interventionsmaßnahme durchgeführt. In der Evaluation wird die Effizienz der Intervention überprüft. (Neumann, 2013, S. 36-38).

3.2   Beschreiben und Erklären des Mobilitätsverhalten
3.2.1   Gegenstandsbestimmung „Mobilität"

Unter Mobilitätsverhalten werden Entscheidungen verstanden, die Menschen als Individuum oder als Gruppe bezüglich ihrer Mobilität im Raum treffen. Das Mobilitätsverhalten zeigt auf, welche Wege, zu welchem Zeitpunkt und mit welchem Verkehrsmittel zurückgelegt werden. Mobilität hängt von den verfügbaren Formen der Mobilität, der Qualität der Infrastruktur, dem Wetter und persönlichen Faktoren, wie z.B.

Lebenssituation, Einstellungen und Erfahrungen ab. (Bundesministerium für Digitales und Verkehr (BMDV), 2022).

3.2.2 Datenerhebung zum Mobilitätsverhalten

Um das Mobilitätsverhalten beschreiben zu können, müssen im ersten Schritt Daten erhoben werden, die darstellen, welche Art von Mobilität Menschen zu einem bestimmten Zeitpunkt wählen (Sekundärforschung). Im zweiten Schritt kann erhoben werden, warum Menschen diese Entscheidung treffen, was sie antreibt (Motivation) und was es bräuchte, damit sie ihre Einstellung überdenken, bzw. verändern würden (Primärforschung).

3.2.2.1 Primärforschung

In der Primärforschung liegt der Fokus der Datengewinnung auf der Befragung, der Beobachtung und dem Experiment (siehe auch Kapitel 2.). Die Primärforschung ist sehr zielgerichtet, detailliert und in der Regel aktuell, doch sind Kosten- und Zeitaufwand hoch. (Reinhardt & Ornau, 2021, S. 64)

Informationsträger können alle direkt oder indirekt am Markt beteiligte Personen sein, wie der Anbieter selbst, die (potenziellen) Kunden, Mitarbeitende, Lieferanten, Händler, oder Funktionäre. (Neumann, 2013, S. 38; Reinhardt & Ornau, 2021, S. 64).

Bei der vorliegenden Fragestellung könnte sowohl eine Fahrgastbefragung als auch eine repräsentative Umfrage bei Nicht-ÖPNV-Nutzern durchgeführt werden, um das Mobilitätsverhalten zu erklären. Zusätzliche interessante Fragen könnten sich nach den Bedürfnissen, der Motivation, den Einstellungen, den Wünschen und den Faktoren richten, die nötig wären, damit Menschen mehr Bus & Bahn nutzen.

- Umfrage zu den Effekten des 9-Euro-Tickets auf die Nutzung des ÖPNV 2022
- Umfrage zur stärken Nutzung des ÖPNV durch das 9-Euro-Ticket 2022
- Umfrage zur Nutzung des 9-Euro-Tickets in Deutschland 2022
- Umfrage zur Nutzung des 9-Euro-Tickets in Deutschland nach Alter/ Wohnort 2022
- Meinung zum Effekt des 9-Euro-Tickets auf die ÖPNV-Nutzung 2022 (nach Altersgruppen)
- Umfrage zum Einheitstarif für den ÖPNV und Regionalverkehr 2022
- Umfrage zum Kauf des 9-Euro-Tickets in Deutschland nach Monaten 2022
- Umfrage zur Zufriedenheit mit dem 9-Euro-Ticket Juni 2022
- Umfrage zur Nutzung des 9-Euro-Tickets nach Alter und Wohnort in Deutschland 2022
- Umfrage zu einer Nachfolgelösung des 9-Euro-Tickets in Deutschland 2022
- Umfrage zur Beliebtheit des 9-Euro-Tickets in Deutschland im Juni 2022
- Nutzung des Neun-Euro-Tickets für den Weg zur Arbeit in Deutschland 2022
- Umfrage zur Nutzung des 9-Euro-Tickets für Urlaubsreisen in Deutschland 2022
- Mobilitätsveränderung durch 9-Euro-Ticket in Deutschland nach Verkehrsmittel 2022
- Vermeidung des öffentlichen Bahnverkehrs wegen des 9-Euro-Tickets 2022

Abb.6: Themenbeispiele für Umfragen zum 9-Euro-Ticket von STATISTA. (Statista, 2023).

3.2.2.2 Sekundärforschung

Bei der Sekundärerhebung werden Informationen aus bereits vorhandenem Datenmaterial gewonnen. Auf Grundlage der Fragestellung wird das Datenmaterial gesammelt, analysiert, aufbereitet und eventuell neu ausgewertet. (Döring, 2002a, S. 588; Reinhardt & Ornau, 2021, S. 67; S. 94-96) Sekundärdaten sind leicht und kostengünstig zu erheben. Reichen die Sekundärdaten nicht aus, um die Fragestellung zu beantworten, können sie zumindest einen Überblick, bzw. einen Einstieg ins Thema bieten. (Reinhardt & Ornau, 2021, S. 69-70).

Erwerbstätige aus Hauptwohnsitzhaushalten: Deutschland, Jahre, Geschlecht, Stellung im Beruf, Benutztes Verkehrsmittel für den Hinweg zur

Arbeitsmarktstatistik des Mikrozensus Deutschland Erwerbstätige aus Hauptwohnsitzhaushalten (1000)		Benutztes Verkehrsmittel f.d. Hinweg z. Arbeitsst.	
Jahr Geschlecht Stellung im Beruf		Pkw (Selbstfahrer)	Insges
2020			
männlich	Selbstständige ohne Beschäftigte	404	
	Selbstständige mit Beschäftigten	674	
	Mithelfende Familienangehörige	/	
	Beamte	737	
	Angestellte	8 641	
	Arbeiter	2 777	
	Auszubildende	383	
	Insgesamt	13 629	
weiblich	Selbstständige ohne Beschäftigte	241	
	Selbstständige mit Beschäftigten	200	
	Mithelfende Familienangehörige	/	
	Beamte	753	
	Angestellte	8 841	
	Arbeiter	820	

Abb. 7: Umfragebeispiel über PKW-Nutzung zum Arbeitsplatz. (Destatis, 2023).

Bei der vorliegenden Fragestellung könnte das Mobilitätsverhalten in Ballungsgebieten über die Sekundärerhebung erhoben werden. Es können folgende inner- und außerbetriebliche Sekundärquellen sinnvoll sein, um die Nutzung der ÖPNV, bzw. des eigenen PKWs zu erheben: Umsatz- und Absatzstatistiken der Bahn, Kostenrechnungen der Bahn, statistische Daten der Bahn (z.B. Angebot, Kapazität, Reklamationen), amtliche Statistiken über das Mobilitätsverhalten (z.B. STATISTA, Statistische Bundes- und Landesämter, Geschäftsberichte und Firmenzeitschriften der Bahn, Veröffentlichungen von Werbeträgern und Werbemittelherstellern. Bei der Erhebung muss auf die Aktualität der Daten geachtet werden. (Reinhardt & Ornau, 2021, S. 67-69; S. 94-96)

3.3 Verändern des Mobilitätsverhaltens

3.3.1 Motivation

Die Motivationspsychologie beschäftigt sich mit der Fragestellung, was den Menschen auf welcher Basis antreibt und was er mit seinem motivierten Verhalten ausrichten möchte. Da Motivation schwer zu messen ist, ist die Psychologie auf die Selbstauskünfte der Menschen angewiesen. (Bak, 2019, S. 60).

Anreize sind die Einschätzung, ob die Situation förderliche bzw. hinderliche Aspekte bereithält. Das Zusammenspiel von persönlichen Motiven und Situationsanreizen ergeben eine motivspezifische Motivation. Diese setzt ein Verhalten zur Bedürfnisbefriedigung in Gang. (Bak, 2019, S. 61-62).

Während manche Forscher auf emotionale Werbung und Belohnungswert setzen, sollte sich Werbung für andere auf die Motive der Konsumenten fokussieren. Die Bedürfnisse von Menschen lassen sich in angeborene Triebe (z.B. Hunger), Bedürfnisse (z.B. Geltungsbedürfnis) und individuelle Wünsche und Ziele (z.B. Weltreise) einteilen. (Felser, 2015, S. 98-99). Für Felser (2015) basieren Interventionsmaßnahmen auf der Bedürfnisstruktur der Zielgruppe. (S. 98-99).

Das motivierte Handeln richtet sich nach Zielzuständen von Lust und Unlust: zum einen besteht durch motiviertes Verhalten der Hang, Lust und Wohlbefinden herbeizuführen (Annäherungsfokus) und zum anderen der Drang, Unlust oder Schmerz zu vermeiden (Vermeidungsfokus). (Felser, 2015, S. 99). Der Mensch wählt aus einer Menge an möglichen Verhaltensweisen aus, hält diese über eine bestimmte Zeit hinweg und zieht keine Alternativen in Betracht. (Bak, 2019, S. 62). Die Unterschiede im Fokus haben Auswirkungen auf den Konsum. (Felser, 2015, S. 99).

Bei der inhaltorientierten Sicht („Was treibt den Menschen an?") sind menschliche Motive stabil und können nicht durch Werbung geschaffen werden. Doch kann die Werbung Motive wecken, wenn auf eine Motivstruktur ein passender Reiz trifft. Dabei brauchen schwache Motive einen stärkeren Reiz als bereits stärker vorliegende Motive. (Felser, 2015, S. 100). Die prozessorientierte Sicht („Wie entsteht Motivation?") baut auf der Fähigkeit des Menschen auf, „eine noch gar nicht vorhandene Belohnung mental vorwegzunehmen und auf dieser Grundlage zu handeln" (Affektantizipation). (Felser, 2015, S. 100). Die Erwartung einer Belohnung ist dann der Motor für das Verhalten, d.h. dem Kauf des Tickets. Das Erwartungsmodell erklärt vielmals das Kaufverhalten, da die Rationalität von Verhalten als auch das Verhältnis von Kosten und Nutzen beschrieben werden kann. (Felser, S. 100-101).

Die prozessorientierte Sicht geht von zwei Einflussfaktoren auf die Motivation aus: Die „Erwartung" und der „Wert". Der Mensch schätzt ab, ob er mit seinem Verhalten den gewünschten Erfolg hat („Erwartung") und wieviel ihm dieser Erfolg wert ist („Wert"). Sind beide Faktoren hoch, ist auch die Motivation hoch. Ist nur ein Faktor hoch, kann es trotzdem zu einer Verhaltensänderung kommen. (Felser, 2015, S. 100).

Konkret könnte für das 9-Euro-Ticket bei den individuellen Bedürfnissen der Menschen angesetzt werden: Für die einen könnte der Anreiz im Lustgewinn durch unbegrenzte Reisemöglichkeiten sein, für den anderen der Vermeidungsfokus, indem hohe Kosten für Mobilität eingespart werden können. Der Käufer wird im Vorfeld prüfen, ob der Kauf des 9-Euro-Tickts seinen Erwartungen entsprechen könnte und ob ihm dies das wert ist. Das Ticket könnte eine Belohnung in Aussicht stellten, die mit einem Motiv des Konsumenten korrespondiert.

3.3.2 Einstellungen und Handlungen

„Einstellungen sind zeitlich relativ stabile Bereitschaften, auf einen Meinungsgegenstand (Person, Objekt, Konzept) wertend zu reagieren." (Spörrle, Becker, Rosenstil, 2015, S. 68) Die individuelle Einstellung ist die Summe von der kognitiven Komponente (Wissen über einen Meinungsgegenstand), der emotionalen Komponente (Gefühle, die mit dem Meinungsgegenstand verknüpft sind) und der motivationalen Komponente (Verhalten gegenüber einem Meinungsgegenstand). (Spörrle et al., 2015, S. 68). Einstellungen und Verhalten sind bidirektional, d.h. sie beeinflussen sich gegenseitig. (Myers, 2014b, S. 598). Einstellungen sind für Menschen wichtig: sie ermöglichen beispielsweise schnelles Handeln, sind Ausdrucksform der Gruppenzugehörigkeit und helfen Ziele zu erreichen. (Schmithüsen & Steffgen, 2015b, S. 105).

Nach Myers (2014b) können Einstellung über die periphere Route, bzw. über die zentrale Route entstehen. Während die periphere Route nicht auf systematischen Denkvorgängen basiert und oft vorschnell ist, beruht die zentrale Route auf Argumenten und Beweisen. Sie erfordert einen Nachdenkprozess und beeinflusst das Verhalten nachhaltiger. (Myers, 2014b, S. 599).

Für Schmithüsen & Steffgen (2015b) gibt es mehrere Mechanismen, die zu Entstehung bzw. Änderung der Einstellung beitragen können. Neben kognitiven Prozessen und der Selbstwahrnehmung spielen vor allem Lernprozesse eine große Rolle in der Einstellungsbildung. Zu nennen ist die Klassische Konditionierung, bei der bereits bewertete Stimuli wiederholt mit neuen, neutralen Stimuli gekoppelt werden, damit es zu einer veränderten Bedeutung des neuen Stimulus kommt. Über das Operante Konditionieren können z.B. über die Belohnung Einstellungen bewusst gesteuert werden. Beim Modelllernen können Einstellungen übernommen werden, wenn das beobachtete Modell für sein Verhalten belohnt wird. Auch Emotionen beeinflussen die Einstellungsbildung: Stimmungen entscheiden, ob wir bereit sind, uns mit Informationen auseinanderzusetzen. (S. 105-106).

Um für das 9-Euro-Ticket zu werben könnte versucht werden, die Einstellung sowohl auf der peripheren Route als auch auf der zentralen Route zu beeinflussen. Möglich wären eine ansprechende Werbekampagne und die Darstellung von schlüssigen Argumenten, auf den ÖPNV umzusteigen.

Über die Klassische Konditionierung könnte Werbung platziert werden, die das 9-Euro-Ticket im Zusammenhang mit attraktiven Menschen, schönen Landschaften oder positiv besetzten Aktivitäten wie z.B. Urlaub zeigt. Als Möglichkeit der Operanten Konditionierung könnte der Kauf des 9-Euro-Tickets gezielt belohnt werden (z.B. Gutscheine über Getränke im Zug, kostenlose Platzreservierung, Rückvergütungen bei Verspätungen, eine hochwertige Gestaltung des Tickets). Soll der Kunde über das Modell lernen, könnten Prominente als Werbefigur eingesetzt werden. Wichtig dabei: die Menschen müssen sich mit dem Modell identifizieren können und es als authentisch wahrnehmen.

Literaturverzeichnis

Atteslander, P. (2010). Methoden der empirischen Sozialforschung. (13. Aufl.). Berlin: Erich Schmidt Verlag.

Bak, P. (2019) Lernen, Motivation und Emotion. Berlin: Springer-Verlag.

Bak, P. M. (2016). Wie man Psychologie als empirische Wissenschaft betreibt. Wiesbaden: Springer.

Becker-Carus, C. & Wendt, M. (2017). Psychologie als Wissenschaft. In C. Becker-Carus *Allgemeine Psychologie* (2. Aufl.). (S. 1-30). Heidelberg: Springer.

Berekoven, L., Eckert, W. & Ellenrieder, P. (2009). Marktforschung. (12. Aufl.). Wiesbaden: Gabler.

Bundesministerium für Digitales und Verkehr (BMDV). (2022). Mobilitätsverhalten: Einflussfaktoren und Auswirkungen. Zugriff am 01.05.2023. Verfügbar unter: https://www.forschungsinformationssystem.de/servlet/is/507165/.

Destatis. (2023). PKW-Nutzung. Zugriff am 12.05.2023. Verfügbar unter: https://www-genesis.destatis.de/genesis/online?operation=abruftabelleBearbeiten&levelindex=1&le velid=1683878706282&auswahloperation=abruftabelleAuspraegungAuswaehlen&ausw ahlverzeichnis=ordnungsstruktur&auswahlziel=werteabruf&code=12251-0006&auswahltext=&werteabruf=Werteabruf#abreadcrumb.

Diekmann, A. (2021) Empirische Sozialforschung. Reinbek bei Hamburg: Rowohlt Taschenbuch Verlag.

Döring, N. (2022a). Datenanalyse. In Nicola Döring *Forschungsmethoden und Evaluation in den Sozial- und Humanwissenschaften.* (6. Aufl.). (S. 587-766) Berlin: Springer.

Döring, N. (2022b). Untersuchungsdesigns. In Nicola Döring *Forschungsmethoden und Evaluation in den Sozial- und Humanwissenschaften.* (6. Aufl.). (S. 183-222) Berlin: Springer.

Engelschalk, T., Daumiller, M., Reindl, M. & Dresel, M. (2019). Forschungsmethoden. In Detlef Urhahne, Markus Dresel & Frank Fischer (Hrsg.). *Psychologie für den Lehrberuf.* (S. 533-555). Berlin: Springer.

Felser, G. (2015). Werbe- und Konsumentenpsychologie. (4. Aufl.). Berlin: Springer.

Gerrig, R.J., Dörfler, T. & Roos, Jeanette (Hrsg.). (2018). Psychologie (21. Aufl.). München: Pearson.

Kauffeld, S. (2016) Nachhaltige Personalentwicklung und Weiterbildung. (2. Aufl.). Berlin: Springer.

Kessler, T. & Fritsche, I. (2018) Sozialpsychologie. Wiesbaden: Springer.

Kirchmair, R. (2022). Qualitative Forschungsmethoden. Berlin: Springer.

Lück, H. E. & Guski-Leinwand, S. (2014). Geschichte der Psychologie. (7. Aufl.). Stuttgart: Kohlhammer.

Lück, H. E. & Miller, R. (2005). Illustrierte Geschichte der Psychologie. Weinheim: Beltz Taschenbuch.

Mühlfelder, M. (2017). Einführung in die Psychologie (1. Aufl.). Riedlingen: SRH Fernhochschule The Mobile University.

Myers, D.G. (2014a). Die Geschichte der Psychologie. In: David G. Myers *Psychologie*. (3. Aufl.). (S. 1-16).

Myers, D.G. (2014b). Sozialpsychologie. In: David G. Myers *Psychologie*. (3. Aufl.). (S. 595-652).

Neumann, P. (2013). Handbuch der Markt- und Werbepsychologie (1. Aufl.). Bern: Huber.

Neyer, F. J. & Asendorpf, J. B. (2018) Psychologie der Persönlichkeit. (6. Auf.). Berlin: Springer.

Prinz, W., Müsseler, J. Rieger, M. (2017). Einleitung – Psychologie als Wissenschaft. In: Jochen Müsseler & Martina Rieger (Hrsg) *Allgemeine Psychologie*. (3. Aufl.) (S.1-12). Heidelberg: Springer.

Rauthmann, J. F. (2017). Persönlichkeitspsychologie. Berlin: Springer.

Reinhardt, R. & Ornau, F. (2021). Grundlagen der empirischen Sozialforschung (4. Aufl.) Riedlingen: SRH Fernhochschule The Mobile University.

Schmithüsen, F. & Krampen, G. (2015a) Geschichte der Psychologie. In F. Schmithüsen (Hrsg.), *Lernskript Psychologie* (S. 1-20). Berlin: Springer.

Schmithüsen, F. & Steffgen, G. (2015b) Sozialpsychologie. In F. Schmithüsen (Hrsg.), *Lernskript Psychologie* (S. 95-158). Berlin: Springer.

Schönpflug, W. (2016). Psychologie – historisch betrachtet. Wiesbaden: Springer Fachmedien.

Sokolowski, K. (2013) Allgemeine Psychologie für Studium und Beruf. Hallbergmoos: Pearson.

Spörrle, M., Becker, F. & Rosenstil, L. von. (2015). Persuasion durch Glaubwürdigkeit. In Klaus Moser (Hrsg.), *Wirtschaftspsychologie*. (2. Aufl.). (S. 67-82). Berlin. Springer.

Statista (2023). 9-Euro-Ticket. Zugriff am 12.05.2023. Verfügbar unter: https://de.statista.com/themen/9462/9-euro-ticket/?msclkid=2b6532abaf3115408a0156f6456fb81d#editorsPicks

Wikipedia (2023). Alfred Adler. Zugriff am 12.05.2023. Verfügbar unter: https://de.wikipedia.org/wiki/Alfred_Adler#/media/Datei:Alfred_Adler.jpg

Wikipedia (2023). CG. Jung. Zugriff am 12.05.2023. Verfügbar unter: https://de.wikipedia.org/wiki/Carl_Gustav_Jung#/media/Datei:ETH-BIB-Jung,_Carl_Gustav_(1875-1961)-Portrait-Portr_14163_(cropped).tif

Wikipedia (2023). John B. Watson. Zugriff am 12.05.2023. Verfügbar unter: https://de.wikipedia.org/wiki/John_B._Watson#/media/Datei:John_Broadus_Watson.JPG

Wikipedia (2023). Sigmund Freud. Zugriff am 12.05.2023. Verfügbar unter: https://de.wikipedia.org/wiki/Sigmund_Freud#/media/Datei:Sigmund_Freud,_by_Max_Halberstadt_(cropped).jpg

Wikipedia (2023). Wilhelm Wundt. Zugriff am 12.05.2023. Verfügbar unter: https://de.wikipedia.org/wiki/Wilhelm_Wundt

BEI GRIN MACHT SICH IHR WISSEN BEZAHLT

- Wir veröffentlichen Ihre Hausarbeit, Bachelor- und Masterarbeit

- Ihr eigenes eBook und Buch - weltweit in allen wichtigen Shops

- Verdienen Sie an jedem Verkauf

Jetzt bei www.GRIN.com hochladen und kostenlos publizieren